오늘의, 기도

오늘의, 기도

2020년 5월 29일 초판 1쇄 인쇄
2020년 6월 12일 초판 1쇄 발행

지은이 박나나
기획 강선, 윤철규
편집 문선형, 정유진
디자인 조윤주
마케팅 강동현
경영지원 김내리
펴낸이 최태준
펴낸곳 무근검
주소 서울특별시 송파구 올림픽로 4길 17, A동 301호
홈페이지 www.facebook.com/lampbooks
이메일 book@lamp.or.kr **전화** 02-420-3155
등록 2014. 2. 21 제2014-000020호
ISBN 979-11-87506-47-8(03230)

이 도서의 국립중앙도서관 출판시도서목록(CIP)은 서지정보유통지원시스템
홈페이지(http://seoji.nl.go.kr)와 국가자료공동목록시스템
(http://www.nl.go.kr/kolisnet)에서 이용하실 수 있습니다.
(CIP제어번호:CIP2020022382)

무근검은 '하나님의 영광은 무겁고 오래된 칼과 같다'라는 뜻입니다.

오늘의, 기도

박나나 지음

우리의 기도는 긴박하고 간절한 내용이 많아 대개 거칠고 투박합니다. 이런 우리의 기도가 한 개인의 절절함이 담긴 표현으로는 충분할 수 있습니다. 하지만 기도는 간청일 뿐만 아니라 감사와 경외와 찬양을 드리는 것입니다. 기도란 다만 자신의 필요와 소원을 신청하고 돌아가는 사무적 행위가 아니라, 저 깊은 마음속 울림과 떨림에서 터져 나오는 탄성입니다.

기도를 하다 보면, 어느새 자신의 삶을 신앙적으로 끌어올리려는 진지한 질문과 고백으로 채워지는 것을 보게 됩니다. 신앙의 진전이 하나님을 더 알아 가고 현실의 도전을 극복해 가는 실력이라면, 이 실력은 그리스도와의 친밀한 교제로 쌓여 갑니다. 만남과 대화, 묵상과 사색을 통해 길러지는 이 성장 과정은 인격적 교제 속에서 이루어지기에 진솔하고 신비할 수밖에 없습니다. 가끔은 이러한 여정이 모호하고 어리둥절하고 기이하게 여겨지는 이유는 하나님께서 자신을 내어 주시고 우리를 인도하시는 길과 방법이 우리의 상상을 뛰어넘기 때문일 것입니다. 자칫 혼란스러워 보일 때도 있지만 이 흥미진진한 결속과 나눔 속에 담긴 신뢰와 감탄은 결국 시가 되고 노래가 됩니다.

이 책에 실린 기도문은 우리 교회 박나나 권사님이 권사회 회장으로 섬기던 해에 모임을 시작하면서 올린 기도 중에서 발췌하였습니다. 기도들이 서정적이며 진솔하고 아름다워 여러 성도들과 함께 나누어 읽기를 바라는 마음에 책으로 엮었습니다. 삶이 숫자로만 계량되는 메마른 사회에서 신자만이 시적으로 사는 사람이라고, 그래서 우리의 행복은 아무도 빼앗을 수 없는 권리라고 소리 내고 싶습니다.

2020년 5월

박영선

차
례

봄

수줍게 찾아온 봄

우리의 마음을 살피시는 하나님 아버지

바위를 쪼개어 큰 물을 내시며

흐르는 강물을 마르게도 하시는

전능하신 하나님께 영광과 찬송을 드립니다.

지난겨울은 참으로 추위가 혹독했습니다.

감추어져 있던 봄은 영 찾아올 것 같지 않았습니다.

그러나 수줍은 듯 찾아온 3월의 봄을 이렇게 만났습니다.

혹여 우리 삶에도 무너진 곳이 있다면

그 자리에서 툴툴 털고 일어나

보이는 세상에만 집중하지 않도록

은혜의 보좌 앞에 담대히 나아가

주의 얼굴빛을 구하게 하소서.

빛과 해를 마련하셔서

우리를 어둠에 속하지 않은 빛의 자녀로 부르셨으니

먼지가 풀썩거릴 정도로 메말라 있는 영을 추스르고 일어나

하나님의 음성을 곁에 모시고 살게 하소서.

그리하여 모두에게 희망을 안겨 주는 새로운 기회를 주소서.

예수님 이름으로 기도합니다. 아멘.

함께 걸어 주심

우리를 의롭다 하시는 하나님 아버지
주께서 지금까지 우리에게 행하신 일이 크며
우리를 위한 주의 생각이 매우 깊습니다.
앞이 보이지 않는 어두운 골짜기를
함께 걸어 주셔서 감사합니다.
우리가 힘이 말라 질그릇 조각 같을지라도
여전히 결실하며 진액이 풍족하고 빛이 청청하게
살아갈 수 있게 하소서.

우리로 주를 의뢰하여 적군을 향해 달리기도 하며
우리의 하나님을 의지하고 담을 뛰어넘을 수 있는
용기와 힘을 주소서.
주께서 주신 새봄처럼 도약하게 하소서.
예수님 이름으로 기도합니다. 아멘.

의지의 대상

우리를 지키시는 하나님 아버지
우리는, 마음이 상한 자를 가까이 하시고
충심으로 통회하는 자를 구원하시는
하나님의 얼굴을 구하기보다 먼저
사람의 안색을 살피기에 바빴습니다.
상한 갈대 지팡이와 같은 세상을 의지하며
도울 힘이 없는 인생에게 피하느라
시간을 많이 허비했습니다.

높은 나무를 낮추고 낮은 나무를 높이며
푸른 나무를 말리고 마른나무를 무성하게 하시며
말씀하시고 또한 분명히 이루시는 하나님의 의지 앞에서
늘 겸손하게 하소서.

오직 여호와 하나님만이 의지할 분이심을 자각합니다.
야곱의 하나님으로 자기 도움을 삼으며
그에게 소망을 두는 자가 복이 있다 하셨으니

다니엘이 하나님 앞에 스스로 겸비하기로 결심한 그 첫날이

우리의 오늘이 되게 하소서.

그리하여 마음의 중심을 보시는 하나님께

소원을 응답받는 기쁨이 있게 하소서.

예수님 이름으로 기도합니다. 아멘.

우리의 안전지대

그저 되풀이되는 것 같은 사계 속에

매해 새롭고 고유한 일을 행하신 하나님 아버지 감사합니다.

몇 발자국만 내딛으면 새봄 속에 섞여 들어올 좋은 일들을

고운 눈으로 만나 보게 하소서.

혹여 보암직하고 먹음직한 것들만 탐하느라

일상에 펼쳐진 소소한 복을

놓치고 있지는 않은지 돌아봅니다.

편견 없이 사람을 대하며

창공을 나는 가벼운 새처럼 욕심을 다 내려놓고

비대해진 마음을 가볍고 단순하게 하여

당연하다고 느꼈던 것들에 새삼 감사하게 하소서.

사람을 일으켜 세우는 말의 부피를 점점 키워 가게 하시고

짓무르고 아픈 곳이 아무는 놀라운 기쁨과 감격의 순간이 찾아오기를

어린아이처럼 손 모으고 기다립니다.

자신도 모르게 높아진 마음눈을 낮추고 또 낮추어

더 낮은 자리에서 살아가는 지체들을 섬기게 하시고

우리의 연약함을 통해서도

깊고 넓고 오묘한 하나님 나라를 마음껏 선전하게 하소서.

하나님의 가족이라는 끊어지지 않는 세 겹줄로 묶어 주셨으니

택하여 세우신 자리에서

생명과 경건에 속한 많은 열매를 만들어 내게 하소서.

우리가 바다 끝에 거할지라도 찾아내시며

높은 산꼭대기에 깃들지라도 끌어내시는 여호와의 눈이

우리 인생을 통촉하시며

여호와의 안목이 우리를 감찰하시기에

우리가 서 있는 곳이 하나님이 지키시는 안전지대임을

깨닫게 하소서.

예수님 이름으로 기도합니다. 아멘.

참 행복한 자

우리를 자녀로 부르신 하나님 아버지

상한 갈대를 꺾지 않으시고 꺼져가는 심지를 끄지 않으시는

긍휼이 풍성하신 하나님을

나의 아빠 아버지라 부르며 삽니다.

우리의 허물을 빽빽한 구름 같이,

우리의 죄를 안개 같이 없이해 주시고

주의 영광을 힘입은 자녀라 칭함을 받으며 살게 하신 은혜를

진심으로 감사드립니다.

평범한 삶을 살아가면서

사소한 결정 앞에 머뭇거릴 때마다

앞서 우리 입에 넣어 두신

하나님이 부탁하신 말씀을 기억나게 하셔서

우리의 길보다 높고 우리의 생각보다 높으신

하나님의 뜻을 따르기로 결단하는 이 봄,

참 행복한 자임을 알게 하소서.

예수님 이름으로 기도합니다. 아멘.

가시면류관 고난주간

고난 당하신 성자 하나님

이 시간,

가시관을 쓰고 온갖 수난을 당하신

십자가의 주님을 생각합니다.

우리의 허물과 죄악 때문에

찔리고 상하고 침 뱉음을 당하며

채찍에 맞으신 주님의 상처를 들여다봅니다.

여러 모양으로 어려운 고난 속에 갇혀

출구가 보이지 않아 답답할 때

우리의 생각과 다르고 우리의 길보다 높으신

하나님의 뜻을 따라 살아갈 수 있도록

고난 당하신 부활의 주님을 바라보게 하소서.

살아온 세월의 두께가 쌓여 갈수록

마음이 넉넉해지거나 욕심을 내려놓거나

다른 사람의 아픔이 선명하게 보여야 할 텐데

눈앞에 있는 나의 문제가 너무 커

다른 사람들의 아픔이 잘 느껴지지 않습니다.

알면서도 때로는 외면하고 싶습니다. 용서하소서.

통회하고 마음이 겸손한 자와 함께하겠다고 하셨으니

우리 속에 하나님 아는 것을 대적하여 높아진

견고한 진을 다 무너뜨리시고

모든 생각을 사로잡아 오직 주님께만 집중하게 하소서.

그리하여 십자가 죽음 이후에 찾아오는

부활의 능력과 기적들을 풍성히 경험하게 하소서.

우리를 위하여 험한 십자가의 고통을 견디어 내신

예수님 이름으로 기도합니다. 아멘.

십자가 흔적 고난주간

죽기까지 우리를 사랑하시는 하나님 아버지
오늘 우리는, 십자가를 지고 골고다 언덕을 오르는
예수님의 피 흘리신 흔적을 따라
그 고난에 동참하는 마음으로
이 자리에 와 있습니다.

'호산나 호산나 다윗의 자손 예수'를 외치며 따라다니던
많은 무리 중 하나였던 우리가
'예수를 십자가에 못 박게 하소서 십자가에 못 박게 하소서'
더욱 소리 지르는 자리에 서 있었음도 고백합니다.
대제사장의 작은 여종 앞에서도 예수님을 부인하였던
베드로의 모습이
세상의 위협 앞에 당당하지 못하여 넘어지는
우리의 모습임을 고백하며
용서를 구합니다.

하나님의 아들이시면서도 받으신 고난으로 순종을 배워

온전하게 되신 예수님께서
잠시 고난 당한 우리를 친히 온전하게 하시며
굳건하게 하시며 견고하게 하실 것을 믿으며
감사드립니다.

하나님께서 행하실 좋은 일들을 기대하며
이 고난 주간에 믿음의 눈을 크게 떠
낙심하는 자리에서 일어서게 하소서.
예수님 이름으로 기도합니다. 아멘.

예수님을 곁에 모시고 <u>부활주일</u>

우리에게 산 소망이 되시는 하나님 아버지
자신을 낮추시고 십자가에 죽기까지 복종하신
예수님이 부활하신 봄날입니다.
그분을 나의 주님이라 고백하며
동행하는 기쁨을 소유하게 하시니 감사합니다.
진실하게 간구하는 모든 자를 가까이하시는 하나님께
우리의 마음과 눈을 고정하여
그 능력의 오른손으로 이끌어 오신 지난날들을
잊지 않고 기억하게 하소서.
그리하여 우리의 내면이
하나님으로 가득 차게 하소서.

자고 있는 제자들을 보시며
너희가 나와 함께 한 시간도 깨어 있을 수 없더냐 하신
예수님의 꾸짖음이 귀에 쟁쟁합니다.
주신 말씀들을 귓등으로 흘려듣지 않게 하셔서
시험에 들거나 영적 나태에 빠지지 않도록 도와주소서.

우리로 하나님의 찬송과 명예와 영광을 삼으신 은혜에 감사드리며
예수님 이름으로 기도합니다. 아멘.

농부되신 하나님

인애하신 하나님 아버지
우리의 못난 모습 이대로 주님 앞에 나왔습니다.
경건의 모양을 갖추고 듣기에 좋은 말을 골라 하며
흠잡힐 것 없는 그럴듯한 모습 뒤에 감추어진
우리의 실체를 들여다보게 하시니 감사합니다.

오늘, 우리의 추한 속사람을 주님 앞에 꺼내 놓습니다.
부쩍 자란 마음의 잡초들을 뽑아 주소서.
세상이 탐하는 그 어떤 것보다도
그리스도 예수를 아는 지식이 가장 고상한 것임을 알기에
우리 마음이 그리스도를 향하는 진실함과 깨끗함에서
떠나 부패하지 않도록 도와주소서.
미숙하지만 순종하고자 하는 작은 몸짓 하나도
놓치지 않고 눈여겨보시어 잘했다 칭찬하시는
하나님의 사랑에 감사를 드립니다.

주님, 묵은 밭을 기경하며 씨를 뿌리는 봄입니다.

농부가 되셔서 때때로 물을 주며 밤낮으로 간수하여

아무든지 해치지 못하게 보호하시고

움이 돋고 꽃이 피게 하여

마침내 아름다운 결실을 만들어 내고야 마는

하나님의 열심에 감사드립니다.

큰 것에 눈이 멀어 흔들리고 있을 때

작은 것을 조용히 들이미시며

더 좋은 것이다, 가장 소중한 것이다, 라고 설득하시는

참사랑에 감사드리며

예수님 이름으로 기도합니다. 아멘.

기적의 시간

오늘을 허락하시는 하나님 아버지

감사합니다.

그날이 그날같이 느껴지는

무미건조한 하루하루가, 평범하고 소소한 일상이

사실 큰 기적이었습니다.

어리석은 우리는

조용한 일상이 혼돈 가운데로 내몰리는 그 순간에야

이를 알아차립니다.

먹여 주시는 말씀의 양식으로

우리 마음을 매일 점검하며

주어진 삶을 올바르게 해석하여

안개 같은 혼돈 속에 오래 서 있지 않게 하소서.

가끔씩 마음을 헤집는

하나님 없이 하는 염려와 걱정, 낙심과 불안이

자리 잡는 것을 허용치 않겠습니다.

내 눈이 원하는 대로 내 마음이 즐거워하는 것만을

좇아 따르지 않겠습니다.

우리의 이마가 놋성벽처럼 굳어져

거칠 것과 부딪칠 것을 두지 않도록

먼저 배려하고 용서하겠습니다.

하나님께서 주신 은사를 따라

순종으로 행하고 받은 분깃에 만족하며

평범하고도 소소한 기쁨을 발견하는 복을 허락하여 주소서.

티나 주름 잡힌 흠을 주의 사랑으로 덮어 주시고 가려 주시니

감사합니다.

하나님의 발 앞에 무릎 꿇는 법을 배운 어린아이 같은 마음으로

이 시간 찬양하며 머리 숙입니다.

만나 주소서.

예수님 이름으로 기도합니다. 아멘.

새 노래

사랑하는 자녀들의 삶을

전폭적으로 주관하시는 하나님 아버지

우리 삶의 참주인 되신 하나님을

범사에 인정하게 하시니 감사합니다.

새해의 빛나는 각오가

나른한 봄날처럼 무디어져 갈 때마다

때때로 훈계하시고 깨닫는 마음 주셔서

잘못된 상황에서 자존심을 버리고

돌이킬 용기를 주소서.

우리의 무지와 패역에도 불구하고

언제나 하나님이시기를 중단하지 않고

우리를 붙들어 주신 영화로운 이름을 찬양합니다.

사람들에게 수치를 당하고

구경거리, 조롱거리가 될 때도 있지만

화평의 하나님께서 우리 내면에 질서를 세워 주셔서

염려하던 것, 두려워하던 것들이

아무것도 아닌 것이 되게 하셨습니다.
하나님의 음성을 기다리고 기다리게 하시더니
기가 막힐 웅덩이와 수렁에서 건져 올리셔서
새 노래를 부르게 하셨습니다.

황폐하고 적막한 곳들을
새롭게 보수하신 하나님께서 행하신 일들을 기억하며
여러 모양으로 우리를 떠낸 반석과 파낸 우묵한 구덩이를 생각합니다.

이처럼 하나님의 살아 계심을
숱하게 경험하게 하셨으니
다시는 우리 얼굴에 근심 빛이 없게 하소서.
순종하는 모든 자에게 영원한 구원의 근원이 되신
예수님 이름으로 기도합니다. 아멘.

새 기운으로 벅찬 날

어미가 자식을 향해 그리할 수 있는 것처럼

우리의 세포 하나하나까지 살피시는 하나님 아버지

작년 한 해 거두어들인 열매가 초라하지만

다시 해 보라고 비옥한 땅을 주셨습니다.

이 땅에 발을 딛고 서서 당신의 음성을 듣습니다.

너의 믿음이 어디 있느냐, 너의 믿음이 어디 있느냐며 불러내실 때

내 안의 작은 나를 바라보지 않고

주인 되신 하나님의 뜻을 기뻐 따르는 것이

복인 줄 알게 하셨습니다.

우리 모두는 행동하는 자로 또는 바라보는 자로

다 같이 맡은 배역에 충실하였습니다.

그리고 하나님의 아낌없는 사랑을 흡족히 누린 행복자라고

감히 말할 수 있게 되었습니다.

이제 우리는 멀미가 날 정도로 멋진 봄을 만날 것입니다.

우리 속에 웅크리고 있던 슬픔 덩어리와

차곡차곡 포개어 둔 흐리고 캄캄한 날은 다 지워 주시고

새 기운으로 가슴 벅찬 날을 시작하게 하소서.

예수님 이름으로 기도합니다. 아멘.

여름

하나님의 손짓

우리의 마음 중심에 성령으로 오신 하나님 아버지
겨울 속으로 불쑥 찾아와 마음을 설레게 하던 따스한 봄볕이
어느새 뜨거운 열기로 변해 갑니다.

봄이 지나간 자리를 만져 보니
주님의 선물로 가득합니다.
무수히 많은 하나님의 손길을 스쳐 지나치고 마는
감각 없는 자가 되지 않도록
우리를 도우시기 원합니다.
우리의 삶에 바람 부는 날, 흐리고 캄캄한 날도 많았지만
그 거센 바람의 뒤척임과 지척을 분간할 수 없던 어두움은
우리를 깊이 만나고 싶어 하시는 하나님의 손짓이었습니다.
우리가 안고 있던 어둠을 거두어 주시고
그 자리를 무성한 신록으로 장식하여 주소서.

아무 생각 없이 침묵으로 버틴 시간들,
그 고립의 시간까지도

멋지게 사용하시는 하나님의 일하심을 보았습니다.

때로는 외면하고 싶었던 상처와 직면할 때도 있지만

그것이 바로 치유의 시작이라는 것을 알게 하시니 감사합니다.

까닭 없이 미움을 받고 있어 억울하다는 생각을 하고 있을 때

까닭 없이 미워하는 그 못난 짓을

제가 하고 있다는 걸 알았습니다.

세미하게 간섭하시는 하나님의 음성으로

저희가 무럭무럭 자라 가고 있사오니

그 경이로운 사랑 거두지 마소서.

예수님 이름으로 기도합니다. 아멘.

하나님의 솜씨 교회 야유회

주 안에서 교제하는 모습을 보기 좋아하시는 하나님 아버지
여호와 우리 하나님의 이름이
온 땅에 참으로 아름답습니다.
주의 영광의 빛이 하늘 위에 가득합니다.

주께서 우리 마음에 두신 기쁨이
여름 하늘의 뭉게구름처럼 선명한 이 날에
예정대로 야유회를 갑니다.
자연에서 마음껏 대화를 나누며
주 안에서 온전히 하나 되기를 바랍니다.
마음까지 화창해지는 좋은 날씨 허락하시고
안전을 지켜 주소서.

서로서로 살펴 주어 소외되는 이가 없게 하시고
하루를 함께하면서 더욱 친밀해지며
서로를 향한 이해의 폭을 넓힐 수 있게 하소서.

하나님의 솜씨를 즐거워하며 마음껏 누리고 돌아와

신앙 공동체 안에 열등감이나 우월감이 없게 하시고

상한 감정이 있다면 치유하소서.

그저 바라만 보아도 좋은 서로의 장점만을 기억하며

긍정적인 생각들로 가득 찬 행복한 하루가 되게 하소서.

예수님 이름으로 기도합니다. 아멘.

아름다운 공동체

주를 믿고 의지하는 자녀를 기뻐하시는 하나님 아버지
보석 같은 주의 사람들이 모여 있는 이곳에
이 시간 함께해 주셔서 감사합니다.

세상과 구별된 우리의 신분은
어지러운 세상과 충돌하며
거룩함을 지켜 내야만 하는
참으로 어려운 자리입니다.
날마다 만나게 되는 크고 작은 문제들 앞에서
당황하지 않도록 새 힘과 굳건한 믿음 주시고
항상 기도하여 낙심하지 않도록
우리를 지키소서.

혹여, 지치고 힘들 때
주 안에서 하는 수고가 헛되지 않음을 깨달아
늘 견실하며 흔들리지 않고
묵묵히 순종하게 하소서.

더운 햇볕의 무대 뒤에 숨겨 놓으신 반가운 소나기처럼
예기치 않은 큰 기쁨들을 만나게 하셔서
우리 마음을 흡족하게 하소서.

우리는 주 안에서 함께 자라 왔고 함께 세움을 받아
이 자리에 와 있습니다.
서로 알아주고 격려하여
지치고 위축된 어깨를 다독여 주는
아름다운 공동체가 되게 하소서.
한 사람이라도 소외감이 들지 않도록
배려하며 함께 자라 가게 하소서.
우리를 하나로 모아 부르신
예수님 이름으로 기도합니다. 아멘.

하나님의 가족   여름 성경 학교

교회의 주인 되신 하나님 아버지

감사합니다.

여름날 높이 뜬 태양보다 더 밝고 맑게 자랄

주일학교 어린이들의 여름 성경 학교가 시작되었습니다.

담당 목회자들과 교사들이 선한 목적을 위해 준비한 프로그램이

원만하게 진행되게 하시고 안전을 지켜 주셔서

보람차고 유익한 시간들로 채워 주소서.

아이들의 앞날이 주의 손에 있습니다.

향방 없이 세상을 달려가지 않고

주께 피하는 것이 복임을 알게 하소서.

주일학교 어린이들의 활기를 보며

우리 어른들도 다시 역동하는 여름 되게 하소서.

8월 전교인 여름 수련회를 통해

서로를 향한 이해의 폭을 넓혀 더욱 친밀해지며

하나님의 진정한 가족이 되어

참된 신자의 모습이 어떠해야 하는지 배우고

모두가 더욱 활기찬 교회생활을 할 수 있도록 도와주소서.

예수님 이름으로 기도합니다. 아멘.

주의 뜰에 사는 복

우리에게 기쁨을 주시는 하나님 아버지
주께서 택하시고 가까이 오게 하사
주의 뜰에 살게 하신 사람은 복이 있다 하셨는데
우리가 주의 성전에서 서로 기댈 언덕입니다.

우리가 할 말을 다 쏟아 내지 않고
다른 사람에게 관대하고 나 자신에게 엄격하게 살아갈 때
우리 심령을 더욱 고요하고 평온하게 하실 것을 믿습니다.

사랑하는 이들의 마음과 얼굴에 늘 화색이 돌게 하옵소서.
예수 그리스도로 인한 즐거움의 옷을 입고
날마다 기쁨으로 살게 하소서.
예수님 이름으로 기도합니다. 아멘.

고귀한 신분

생명 있는 자로 오늘을 살게 하시는 하나님 아버지
감사합니다.
예수님을 마음에 모시고 사는 이들의 웃는 얼굴을 보는 것은
참으로 마음 설레고 기쁜 일입니다.
그들의 아픈 마음을 듣고 읽는 것은
가슴이 무너지는 일입니다.

시간 속에서 일하시는 하나님의 은혜로
높은 산을 뛰어오르고
언덕을 넘어 벌판을 달리면서
사랑이 무엇인지
편들어 주는 것이 무슨 의미인지
알게 되었습니다.

어디에 서 있든지 우리 모두는
화목을 일구어 내는 고귀한 신분을 소유한 자입니다.
우리 속에 가득 찬 하나님 나라를

마음껏 펼치며 살게 하소서.

그것이 큰 복인 줄 알게 하소서.

예수님 이름으로 기도합니다. 아멘.

기도의 용사 권사회

우리를 하나되게 하시는 하나님 아버지
작열하는 무더위 속에서도 지치지 않고
매주 기쁜 마음으로 힘써 모이게 하시고
우리를 기도의 용사로 불러 주시니 감사합니다.

잠깐 있다 없어지는 안개요,
아침에 피어 자라다가 저녁에 벤 바 되어
마르는 풀과 같은 나그네 인생길을
허송세월하지 않도록 도와주십시오.

서로 격려하며 칭찬하기에 인색하지 않고
사랑하고 아껴 주는 권사님들을 만날 수 있어 참 좋습니다.
사랑은 표현할수록 진가가 발휘됩니다.
더욱 섬김으로 사랑을 나타내는 훈훈한 권사회가 되도록 도와주소서.
우리 권사님들의 눈이 항상 여호와를 바라보고 있사오니
순간순간 벅찬 감격으로 살아갈 힘을 주소서.
예수님 이름으로 기도합니다. 아멘.

옆에 앉아 있었을 뿐입니다

언제나 우리와 함께해 오신 하나님 아버지
감사합니다.
우리는 여러 상황을 겪으면서
능력으로 땅을 지으셨고
지혜로 세계를 세우셨고
명철로 하늘을 펴신 전능하신 하나님을
귀로 듣고 눈으로 보고 손으로 만진 바 된 자들입니다.

썩지 않고 더럽지 않고 쇠하지 아니하는 유업을 이을 자로
복된 길을 걸어오는 내내
침 삼킬 동안도 놓아두지 않으시는 하나님의 진지한 사랑과
쉬지 않으시는 하나님의 열심을 만나기도 했습니다.

마음을 들춰 보면 추하고 냄새나고 더러운 것들이 쏟아져 나올 테지만
그저 누군가를 뿌리치지 못해 손 내밀어 잡아 주었을 뿐인데,
우는 사람 곁에서 딱히 해 줄 말이 없어 어설프게 앉아 있었을 뿐인데,
내가 옳았다는 변명거리를 만들어 준비해 두었다가

무슨 말부터 꺼내야 될지 몰라 그저 머뭇거리고 있었을 뿐인데,
잘했다, 잘했다, 잘했다고 칭찬하셨습니다.
목울대를 타고 사납게 튕겨 나오려는 말 한마디 참은 것을
크게 기뻐하셨습니다.
그렇게도 잘했다 칭찬해 주고 싶으셨는지요.
얼마나 오랫동안 눈을 떼지 않고 저희를 지켜보셨으면
그 작은 움직임도 기뻐하시는지요.
부끄럽기만 합니다.

우리 모두가 베뢰아 사람들처럼 너그러워지게 하시고
간절한 마음으로 말씀을 받고
날마다 성경을 상고함으로
성경 속 믿음의 사람들을 닮아 가게 하소서.
식을 줄 모르는 여름 열기를 닮아
우리도 뜨겁게 사랑하게 하소서.
예수님 이름으로 기도합니다. 아멘.

사로잡힌 순간들

우리를 천하보다 더 귀히 여기시는 하나님 아버지

그 사랑에 사로잡혀 하나님의 전적인 통치 속에서

봄을 만났고 여름을 보냈습니다.

감사합니다.

주변 사람들을 감싸야 했던 것도,

나와 다른 생각을 묵묵히 감내하며

고개 끄덕여 주어야 하는 것도 배웠습니다.

우리의 작은 헌신이 주변을 밝히고 또 맑힐 수 있다는 것도

깨닫게 되었습니다.

자존심을 다 내려놓고 더 사랑하게 하소서.

먼저 다가가게 하소서.

하나님이 기뻐하신 뜻은

무엇이라도 따지지 않고 기뻐 따르게 하소서.

오늘도 아버지께서 맡기신 책임들

성실히 수행하겠습니다.

지혜롭게 끝까지 잘 감당하게 하소서.

늘 깨어 있게 하셔서 시험 들지 않도록

우리를 지켜 보호하여 주소서.

예수님 이름으로 기도합니다. 아멘.

가을

창조자 하나님

선하신 하나님 아버지 감사합니다.

하나님께서 불볕 가운데 앞서 예비해 주신 가을 속으로

우리가 어느새 들어와 있습니다.

높은 하늘을 장식하는 구름과

자유롭게 창공을 날아다니는 새들의

유난히 가벼운 날갯짓을 봅니다.

창조자 하나님을 노래하지 않을 수 없습니다.

하나님께서 지으신 모든 것이 선하고 곱습니다.

우리 모두 마음을 모아 함께 기도합니다.

기쁘고 즐거운 나날 되게 하시고

우리 모두를 만족시켜 주소서.

예수님 이름으로 기도합니다. 아멘.

쉬지 않고 일하시는 하나님

우리를 지켜 주시는 하나님 아버지 감사합니다.

여름이 뜨겁게 익어 갈 때는

땅의 모든 것이 멈춰 버린 것 같았습니다.

도무지 변화가 일어날 것 같지 않은 폭염 속으로

어느 날 가을 바람 한 가닥 찾아와 살갗을 스칩니다.

쉬지 않고 여전히 일하고 계셨던

하나님의 열심과 신실하심을 만나게 되는

멋진 순간이었습니다.

사방으로 꽉 막혀 있는 현실을 뚫고

예상치 못한 때에 개입하셔서

하나님만이 하실 수 있는 방법으로

모든 것을 해결하시는

그 지혜와 선하심에 감탄합니다.

우리는 겨우 세상 한 귀퉁이를 차지하면서

목을 늘이기도 하고 움츠리기도 하며

시시각각 변하는 마음으로 힘들어합니다.

영적 안목이 흐려져 있는데도

답답한 줄 모르고 삽니다.

사랑을 하면서도 지혜가 없어 넘어지고

방법에 서툴러 무지가 드러납니다.

혹, 부끄러움을 당하거나 조롱거리가 되어

자존심에 상처 날까 전전긍긍합니다.

하나님께서는 우리를 포로 된 자리에서도 잘 돌보시며

좋은 땅으로 인도하여 세우시고

헐지 않고 뽑지 않겠다고 거듭 약속하시지만

늘 두려워하는 연약함을 품고 사는 우리입니다.

이제 우리의 마음과 영을 새롭게 하여

젊은 사자같이 담대하게 하시고

하나님의 기뻐하심을 입은 영광과 찬송이 되게 하소서.

예수님 이름으로 기도합니다. 아멘.

에봇을 입은

우리에게 살아갈 이유가 되시는 하나님 아버지
감사합니다.
심어진 자리에서 열심히 살다가
기도회로 다시 모였습니다.

분주한 여름을 보내고
서늘하여 더욱 기도하고 싶어지는
가을이 왔습니다.
우리의 마음 눈길이
항상 이곳에 있게 하소서.
하나님의 자녀라는 칭호를 명예롭게 생각하며
곤고함과 절박함 가운데서도 붙잡힌 바 된 인생을
기쁨으로 살아 내게 하소서.

이 시간 왕이신 하나님을 높이며
그 앞에 무릎 꿇고
그 영원한 이름을 송축합니다.

한 사람 한 사람의 심령 깊은 곳에 좌정하시어

여호와 하나님만을 바라보며

은혜 베풀어 주시기를 간절히 기다리는

연하디 연한 주의 사람들을 살펴 주소서.

항상 우리의 편이시며 도움이신 하나님께 새 힘을 얻어

강하고 담대한 마음으로 무장하게 하셔서

우리 모두가 에봇을 입고 있는 제사장으로서

하나님의 거룩한 도구라는 사실을

늘 잊지 않고 살아가게 하소서.

예수님 이름으로 기도합니다. 아멘.

잠시 멈춰 서서 생각합니다

우리의 힘이 되신 하나님 아버지
우리 영혼을 깨끗하게 하시고
하나님을 더 깊이 의뢰하는 법을
날마다 가르쳐 주시니 감사합니다.
일상에서 벌어지는 문제들을
끊임없이 아뢰어 이겨 내게 하시고
승리의 개가를 부를 수 있게 하시는 하나님을 찬양합니다.
속도를 내어 달리던 달음질을 잠시 멈춰
하나님을 기쁘시게 할 것이 무엇일까 생각합니다.

기회 있는 대로 착한 일을 하게 하시고
곤고한 자들을 어떠한 말로 도와줄지를 알게 하소서.
사람을 살리며 하나님의 영광의 풍성함을 드러내는 언어로
우리를 채우소서.
또한 천한 것에서 귀한 것을 발견하는 안목으로
하나님을 거스를 만한 모든 것을 비워 내어
우리를 향하신 하나님의 뜻을 분별하게 하소서.

그리하여 우리에게 오는 좋은 것들을

우리의 허물과 죄로 막아 버리는 일이 없도록 도와주소서.

그리하시면 어린아이가 젖을 빠는 것같이

그 위로하는 품에서 만족하겠고

그 영광의 풍성함으로 인하여

우리가 즐거워할 것입니다.

예수님 이름으로 기도합니다. 아멘.

반석 위에 지은 집

우리를 굳게 세우시는 하나님 아버지
하나님이 우리를 택하셔서
성령이 거하시는 성전으로 삼으셨고
들숨과 날숨을 주셔서
하나님의 이름을 마음껏 찬양하게 하시니
감사합니다.

배에서는 쓰나 입에서는 꿀처럼 달디 단
여호와의 입에서 나오는 말씀으로 살고 있는 저희입니다.
이 가을, 말씀을 깊이 읽기 원합니다.
하나님의 법만이 우리를 견고하게 하오니 깨우쳐 주소서.
하나님의 말씀을 듣고 행하는 자는
반석 위에 집을 지은 지혜로운 사람 같으며
그 말씀이 매우 가까워 우리 입과 마음에 있어
이를 행할 수 있다고 하셨으니
그 어떤 종교적 행위보다도
지금 들은 말씀을 실천하게 하소서.

따뜻한 말 한마디가 그리운

스산한 가을날입니다.

편들어 주는 부드러운 눈빛이 기다려지는

그런 때입니다.

타인의 허물을 남모르게 가려 주는

성숙한 입술이 필요한 때입니다.

우리가 바로 그런 사람이 되게 하소서.

이 세상은 우리가 영원히 머무르는 곳이 아닌

본향을 찾아가는 나그네 인생길임을

가깝고 먼 죽음을 통하여 확인했습니다.

그러므로 우리가 가진 소망에 관하여 묻는 사람에게

대답할 말을 항상 준비해 두고,

보이지 않은 악한 세력과의 싸움에서 지지 않는

하나님의 강한 용사들이 다 되게 하소서.

말씀이 육신이 되신 예수님 이름으로 기도합니다. 아멘.

산당을 헐라

평강의 하나님 아버지 감사합니다.

우리를 황무지에서, 짐승이 부르짖는 광야에서 만나 주시고

앞에서 행하시며 뒤에서 호위해 주셨습니다.

아픈 곳을 만져 주시고 상처를 싸매시며 얻어맞은 자리를 고치신

구원자 되신 하나님의 이름을 높이며 찬양 드립니다.

이 시간 우리 속에 있는 찌꺼기를 녹여 청결하게 하시고

혼잡한 감정의 부유물을 다 제하여 주소서.

웃시야가 아버지 아마샤를 본받아

여호와 보시기에 옳은 일을 행했으나

오직 산당은 제거하지 않아

백성들이 여전히 거기서 제사 지내며

분향할 기회를 만들어 주는 결과를 빚고 말았습니다.

그가 하나님을 찾고 구할 동안에는 형통하게 하신 하나님,

우리로 교만하지 않고 사람을 의지하지 않게 하시고

하나님을 찾게 하시며 특권으로 허락하신 기도에

게으르지 않도록 도와주소서.

아직도 헐지 못하고 더욱 견고하게 쌓아 분향하고 있는 산당은 없는지
그 패역한 자리에서 온전히 돌이키기를 원합니다.

하나님의 성품 앞에서
치장하고 있는 마음의 장신구를 다 떼어 내어
간결하고 단순한 삶을 살게 하옵소서.
마음으로 의지하고 있는 산당을 헐어 버리고
주님 발 앞에 엎드립니다.
우리가 가는 길에
어지러운 마음이 섞여 비틀걸음치지 않도록 붙잡으소서.
못이 단단한 곳에 박힘같이 심지가 견고하게 되어
평강에 평강으로 이끄시는 주님의 일하심을 기뻐하며
우리 모두가 하나의 꽃묶음같이 묶여
화평을 누리게 하소서.
예수님 이름으로 기도합니다. 아멘.

분별력

찬양받기에 합당하신 하나님 아버지
감사합니다.
실로 우리는 많은 것을 붙들고 있습니다.
손에 쥐고 있는 것들의 중량을 달아 보고
질감을 가늠해 보는 데에 열중하느라
아무것도 할 수가 없습니다.

움켜쥐고 있는 것들을 버리고
취할 것을 가려낼 줄 아는 분별력을 주시고
욕심을 내려놓게 하셔서
삶의 군더더기로 붙어 있는 더께를 걷어 내게 하소서.
지금 눈앞에 펼쳐진 것이 최상의 것이라고 알려 주시니
주님 외에는 다른 어떤 것에도
저희 영혼과 생애를 의탁하지 않겠습니다.
마음속 향기로 피어 있는
예수 그리스도의 냄새를 마음껏 풍겨 내는
복 있는 자리에 서 있게 하소서.

모든 질병을 고치시고 두려움을 떨쳐 버리게 하시는
우리의 도피성 되시는 하나님을 신뢰합니다.
때로는 사람의 매와 인생의 채찍으로 징계하시고
고난의 떡과 고생의 물을 먹고 마시게도 하시지만
쫓아다니며 보호해 주시고
악한 것들이 해하지 않도록
우리를 살펴 주시는 하나님을 신뢰합니다.

주께 간구할 마음을 주신 모든 것들을 통하여
일평생 하나님을 경외할 마음도 주셨습니다.
사사시대에 죄로 인한 악순환이 계속되고
하나님께 묻지 않고 자기 소견에 옳은 대로 행했던
그런 어리석음은 없는지
이 시간 돌아보게 하옵소서.
잔치 뒤끝처럼 어수선한 마음을 정돈시켜
말씀 앞에 집중하게 해 주소서. 듣겠나이다.
예수님 이름으로 기도합니다. 아멘.

손바닥에 새기심

연약한 자를 돌아보시는 하나님 아버지
하나님 보시기에 통의 한 방울 물과 같고
저울의 작은 티끌 같은 저희를 지명하여 부르시고
'너는 내 것이라'
손바닥에 새겨 주시니 감사합니다.

우리가 아직 죄인 되었을 때, 우리가 원수 되었을 때
그리스도의 죽음을 통하여 우리를 향한 사랑을 확증하심으로
하나님과 화목한 자로 살게 하셨으니
우리의 죄와 허물로 인하여
하나님과 우리 사이를 가로막는 담이 생기지 않도록
마음에 거리끼는 부분들을 제거할 수 있는 용기를 주소서.

성령 하나님이 만지시는 작은 기척에도 민감하여
굽은 길을 가지 않도록
즉각적인 순종으로 반응하게 하소서.
은밀한 가운데 주님과 나누는 대화를 통해

우리의 속사람을 주님의 능력으로 강건하게 하소서.

그리하여 그리스도의 복음에 아무 장애가 없게 하려고

자신에게 주어진 자유와 권리를 제한한

바울 사도를 본받게 하소서.

예수님 이름으로 기도합니다. 아멘.

단단한 테를 두르기를

좋으신 하나님 아버지
결실의 계절이 다가왔습니다.
나는 포도나무요 너희는 가지니,
나를 떠나서는 너희가 아무것도 할 수 없다고 말씀하시는
주님께 늘 붙어 있어 풍성한 열매 맺기를
이 가을, 간절히 원합니다.
우리의 작은 믿음의 행동을 달아보시는 하나님의 시선을
기억하게 해 주소서.
깊은 상심의 밑바닥에 주저앉아 넋두리만 하고 있지 않도록
손 내밀어 잡아 주시는 은혜가 있어 일어날 수 있게 하시니
감사합니다.

밑동이 잘려 나간 나무의 그루터기를 보면
켜켜이 둘러싸인 나이테의 단단한 속살을 마주하게 됩니다.
베인 나무의 속살에 새겨진 나이테를 보며,
우리 삶 속에도 십자가 사랑이 고이 새겨져
단단한 테를 두르기를 소망합니다.

그리하여 우리를 통해 일하고 싶어 하시는

하나님의 뜻에 순종하여

주님의 흔적을 지니게 하소서.

이미 놓쳐 버린 것들과 잃어버린 것들을 떠올리며

하나님의 마음을 살펴 알게 하시고

등 돌려 멀어진 어떤 것이라도

품을 용기를 주시고

인내로 더욱 배우고 힘써 자라게 하소서.

또한 우리의 중심을 보시는 하나님 앞에서

거짓 없는 믿음을 가진 로이스와 유니게처럼

믿음의 자녀들을 길러 내게 하소서.

예수님 이름으로 기도합니다. 아멘.

하나님의 의도

우리 삶을 주관하시는 하나님 아버지
우리가 하나님을 신뢰함으로 심지가 견고한 자가 되어
평강에 평강으로 인도하시는
그 깊은 사랑 안에 거하기를 원합니다.

크고 작은 모든 사건 속에
사랑이 무엇인지를 깨닫게 하시려는
하나님의 의도가 숨겨져 있음을
미련한 우리는 뒤늦게야 눈치챕니다.
우리의 실력 없음으로 인하여
자랑할 것 또한 없다는 것을
이제야 깨닫습니다.
용서하여 주소서.
그리고 하나님의 지혜로 교훈하소서.

이 시간 화목하게 하는 직분을 주신 하나님께
우리의 마음을 확정하고 또 확정하였사오니

온 힘을 다하여 찬양하겠습니다.

은을 구하는 것 같이, 감추어진 보배를 찾는 것 같이

지혜의 근본이신 하나님을 전심으로 구하오니

우리의 연약함을 담당하여 주소서.

예수님 이름으로 기도합니다. 아멘.

한결같은 사랑

여일하신 하나님 아버지

감사합니다.

천지는 의복같이 낡고 없어지겠지만

주께서 베푸신 사랑은 한결같습니다.

목마른 자에게 물을 주며

마른땅에 시내가 흐르게 하며

나의 영을 네 자손에게,

나의 복을 네 후손에게 부어 주어

시냇가의 버들 같이 할 것이라는

약속의 말씀을 굳게 잡고

인내로 믿음의 경주를 하게 하시니 감사합니다.

또한 우리 인생에 정하신 한계를 깨닫게 하셔서

하나님만을 의지하는 믿음의 사람으로

살아가게 하시는 섭리에 감사드립니다.

받은 고난을 통해 유익을 얻을 줄 알게 하시며

온유와 겸손으로 우리의 안과 밖을 깨끗이 씻어 정결하게 하소서.

지각이 없고 앞뒤를 분변하지 못하여

좋은 일을 하면서도 다른 사람을 실족시키며

옳고 그름만을 따졌던 미련함을

용서하여 주십시오.

저희의 작은 것으로도 풍성히 일하시는 하나님께서

누군가의 빈 마음을 채워 주시기를

간절히 바랍니다.

사람의 하소연을 끝까지 들어 주고

부스럼 같은 상처에 뜨거운 눈물 흘리는

따뜻한 가슴이고 싶습니다.

정하신 고난의 기한이 차기까지 하나님을 온전히 신뢰하여

자녀 된 명예를 잘 지켜 낼 수 있도록 도와주소서.

하나님의 마음을 두신 이 자리에서

겸비하여 드리는 기도에 응답하여 주소서.

예수님 이름으로 기도합니다. 아멘.

복의 통로

영원하신 하나님 아버지
우리의 마음에 시온의 대로가 있게 하셔서
잠시 잠깐이면 지나가고야 마는 세월을 허비하지 않고
날마다 눈을 떠 하나님께서 펼치실 좋은 것들을 기대하게 하소서.
우리의 심장과 폐부까지도 감찰하시는 하나님을
의지하며 사는 복을 주셔서 감사합니다.
주의 궁정에서의 한 날이
다른 곳에서의 천 날보다 낫다고 노래한 시편의 고백이
우리의 고백이 되게 하소서.

받은 시련과 고난으로 인하여
타인을 향한 이해의 폭을 넓혀 주셔서
복의 통로로 일하게 하시고
나보다 더 연약한 자를 일으켜 세우는 도구로
사용하시는 은혜에 감사드립니다.
우리가 겪고 있는 어려움을
진통하기도 전에 순산하는 여인같이

하나님의 때에 하나님의 방법으로

회복하실 것을 믿습니다.

일상의 사소한 부분에서도

하나님의 뜻을 묻고 명령을 따라 행하는

신자 된 책임과 충성을 다하게 하소서.

예수님 이름으로 기도합니다. 아멘.

주밖에는 나의 복이 없습니다

언제나 우리를 지켜 보호하시는 하나님 아버지

우리를 세상 가운데 고아처럼 버려두지 않으시고

암탉이 그 새끼를 날개 아래 모음같이 품어 주셔서 감사합니다.

올해 허락하신 시간 속에서

새 생명을 안아 보는 탄생의 기쁨도 보았고

불현듯 찾아오는 죽음을 떨리는 눈으로 지켜보기도 했습니다.

생사화복의 주권이 주께 있음을 다시 깨닫습니다.

우리의 장막 집이 무너져도

예비하신 영원한 나라를 바라보는 소망 가운데 살게 하시니

감사합니다.

오직 주의 사랑을 의지하여 살아가오니

세상이 너무나 커 보여 주님께 피할 때 받아 주시고

주밖에는 나의 복이 없음을 진실로 깨닫게 하소서.

이 고백이 참된 신자의 행복임을 알기에 감사드립니다.

여호와 하나님을 항상 우리 눈앞에 모시어

곤고할 때라도 흔들리지 않게 하소서.

우리는 그리스도와 함께 십자가에 못 박혀

세상의 헛된 영광에 대해서는 이미 죽은 자들입니다.

우리 속의 혼돈과 소란을 제거하여 주소서.

받은 고난을 통하여 정금같이 단련된

주의 사람들이 모인 이 자리에

성령 하나님께서 임하셔서 세미한 음성 들려주소서.

입술로 읊조리는 기도와 간구에

귀를 크게 열어 주소서.

우리 속에 심어 두신 말씀과 기도의 씨앗이 발아하여

삶의 구체적인 열매를 맺게 되는

마중물 역할을 할 수 있도록

주신 자유의지를 잘 사용하게 하소서.

그러기를 매일 다짐하는 귀한 은혜를 주소서.

예수님 이름으로 기도합니다. 아멘.

주님을 소유한 자

우리의 소망이 되신 하나님 아버지

감사합니다.

이방 나그네와 거류민 같던 우리를

주님의 눈앞에 서게 하시니 참으로 감사합니다.

우리 존재 자체를 기뻐하시는 주님을 우리가 이미 소유했고

하나님 나라를 유업으로 이을 자들로

이 자리에 모였습니다.

주의 궁정에서 문지기로 하루를 사는 것이

악인의 장막에서 천 날을 사는 것보다 더 낫다는

그 고백을 드립니다.

여호와의 집에 심으셔서

우리 하나님의 뜰 안에서 번성하게 하시는

하나님의 능력과 위대하심을 찬양합니다.

일상의 모든 것이 하나님의 통치 아래 있음을 인정하며

내 힘으로 해결하려고 안간힘을 썼던 문제들을

주님께 온전히 맡깁니다.

귀를 지으신 이가 들으시며

눈을 만드신 이가 보고 계시다는 사실을 잊지 않고

심중에라도 썩어 없어질 허무한 것으로

자랑하지 못하게 하소서.

오직 주님만을 소유한 백성 됨을 자랑합니다.

만물의 주재가 되사 권세와 능력과

모든 사람을 크게 하심과 강하게 하심이

오직 주의 손에 있습니다.

날마다 준비해 두신 주님의 지성소에 들어가는 설렘으로

우리 마음을 가득 채우소서.

찬양과 말씀과 기도가 있는 이 시간, 만나 주소서.

말씀하소서.

저희가 듣겠나이다.

예수님 이름으로 기도합니다. 아멘.

꿈결처럼 좋은 은혜

때를 따라 일하시는 하나님 아버지 감사합니다.

우리는 빛의 자녀로 부름받은 행복한 사람들입니다.

지금 눈앞에 펼쳐 놓으신 이해할 수 없는 상황들은

우리의 생각을 초월하여 일하시는 하나님의 개입이요

은혜와 복을 주시기 위한 하나님의 배려임을 압니다.

그러기에 사소한 일도 무심하게 지나칠 수 없고

아무것에도 소홀히 할 수가 없습니다.

하나님의 마음을 헤아리고 깨달아

맞닥뜨린 문제 속에 감춰진 귀한 답을 얻어 낼 줄 아는

지혜와 분별력을 주소서.

사랑하는 권사님들과 가정 위에

꿈결처럼 좋은 큰 은혜를 베풀어 주소서.

예수님 이름으로 기도합니다. 아멘.

여기까지 달려왔습니다

시간 속에서 일하시는 하나님 아버지
우리 한 사람 한 사람의 이름을 불러 인도하여 내시고
보호하며 먹이고 상처에 기름을 발라 주신 목자이신 여호와가
우리 아버지이신 줄을 알게 하시니 감사합니다.

그리스도를 하나님의 아들이라고 고백했던 날
진정한 생애 첫걸음을 떼었고
넘어지고 또 넘어지면서도
손에 쥐어 주신 말씀 덕분에
여기까지 달려왔습니다.

우리의 나약함을 통해 하나님의 위대하심을 드러내셨으며
우리가 믿음이 없을 때에도 신실하셨고
우리가 실패할지라도 우리를 향한 주님의 뜻은
결코 실패하지 않았습니다.

시간이 흘러 전에 보지 못했던 것들을 보게 되고

안목이 바뀌어 붙잡아야 할 것, 놓아 버려야 할 것이 선명해졌습니다.

스쳐 지나가는 소리에도 귀 기울이게 하심으로

우리의 영혼은 나날이 새로워졌습니다.

그리하여 진리 안에서의 참 자유가 무엇인지

알고 누리게 하셨습니다.

또한 우리가 겪은 모든 일들이

하나님의 사람이라 일컬음 받기에 합당한

양약이 되게 하셨습니다.

남은 인생 여정도 능히 우리를 보호하사 거침이 없게 하시고

그 영광 앞에 흠 없는 즐거움으로 서게 하실 하나님께 감사드립니다.

우리를 흔드는 모든 소란을 잠재우시며

마음과 생각을 고요하고 잔잔하게 하여

감추어진 천국을 항상 소유한 기쁨으로 살게 하소서.

빛에 속한 자로서의 정체성을 잃지 않도록 도와주소서.

예수님 이름으로 기도합니다. 아멘.

오는 해를 두려워하지 않는 용기

우리에게 복 주기를 기뻐하시는 하나님 아버지

깊은 곳에서 부르짖을 때

귀를 기울이셨던 하나님을 찬양하며 감사드립니다.

이른 비와 늦은 비를 허락하셔서

이렇게 결실하게 하시니 감사합니다.

눈길 가는 곳마다 주께서 지혜로 지으신 모든 것들이 가득하지만

우리 속에는 선한 것 하나 없습니다.

들여다보면 내세울 만한 아무것도 없지만

하나님께서 하시겠다고 우리를 편들어 주시고 격려하셔서

자칫 메마르기 쉬운 삶에 윤택한 맛을 낼 줄 아는 복을 주셨습니다.

자랑할 것이 없기에 스스로 낮은 자리를 찾아 앉게 되고

실수를 통하여 배우고 깨닫게 하시어

영적 시야를 넓혀 주시니 감사합니다.

각자 감사하는 모습은 다르지만

오직 하나님을 우리의 도움으로 삼고

부르심에 합당하게 살리라 다짐합니다.

하나님의 눈은 우리를 바라보시고

하나님의 귀는 우리를 향해 열려 있습니다.

하나님이 우리를 기뻐하시는 만큼

우리도 하나님 기뻐하기를 원합니다.

힘들었던 날 만큼, 고통을 당한 햇수만큼

우리를 기쁘게 하시고

허탄한 길에서 돌이킬 때마다

우리의 날을 새롭게 하소서.

다시는 슬픔 위에 슬픔이 포개지지 않게 하시고

우리를 철들게 하는 협착한 길도

웃으며 걷게 하시어

오는 해를 두려워하지 않는

용기 있는 자가 되게 하소서.

예수님 이름으로 기도합니다. 아멘.

겨울

저물어 가는 인생

한결같은 사랑으로 늘 우리를 품으시는 하나님 아버지
세월이 참으로 부지런히 가고 있습니다.
날마다 짧아지는 낮의 해를 바라보며
우리 인생도 저물어 감을 깨닫는 지혜를 주소서.

살면서 가슴을 쓸어내릴 일들이 한두 번이 아니겠지만
괜찮다, 괜찮다 하시는 따뜻한 음성을 들으며 안심합니다.
바람의 길이 어떠함과
아이 밴 자의 태에서 뼈가 어떻게 자라는지를
알지 못함같이
만사를 성취하시는 하나님의 일을
우리는 알지 못합니다.
그저 우리를 향하신 주의 생각이
재앙이 아니라 평안이요
장래에 소망을 주려는 것임을 알 뿐입니다.
우리를 세우시는 권능이 아버지께 있으며
우리가 살아도 죽어도 주의 것임을

잊지 않게 하소서.

가만히 생각해 보면 받은 것이 참으로 많습니다.
그럼에도 남에게 있는 것 나도 달라고
참 많이 보채기도 했습니다.
죄지을 기회를 틈틈이 엿보는
우리의 연약함을 불쌍히 여겨 주시고
허점투성이인 우리의 실수와 못남까지도
은혜의 도구로 멋지게 사용하소서.
지금 허락하신 모든 조건을
온전히 주님 나라를 위하여 사용할 수 있도록
하나님을 자기 도움으로 삼는 복을 주소서.
예수님 이름으로 기도합니다. 아멘.

다 가기 전에

사랑의 하나님 아버지 감사합니다.
형제가 연합하여 동거함을 기뻐하시는 하나님 앞에
이 시간 편협하고 옹졸한 생각을 다 내려놓습니다.

우리는 이미 그리스도와 함께 십자가에 못 박혔으며
이제는 내가 사는 것이 아니라
내 안에 그리스도께서 사심을 알게 하셨습니다.
우리의 작은 신음과 침묵의 언어까지도 들은 바 되신
하나님의 하나님 되심을 증거하며 사는 입술도 주셨습니다.

아직은 잘 다듬어지지 않아 거칠기만 한 마음결이
부드러워지게 하시고
하나님을 만나고 눈으로 본 자의 여유로움과 넉넉함을
우리 속에 부어 주시기를 간절히 원합니다.
스스로 묶여 있는 올무에서 속히 빠져나와 자유롭게 하소서.

가까이 다가올 것 같지 않은 손을 먼저 잡아 주게 하시고 사랑하게 하소서.

표현에 익숙하지 못하고 쑥스러워서 흉내만 낼지라도

잘했다 칭찬하시는 고마우신 주님

단단하게 퍼져 있는 쓴 뿌리를 제거하시고

완악함을 녹여 내소서.

미움, 원망, 가슴에 맺힌 것들이 풀리고 자유하게 되어

받은 바 사랑과 진실한 마음을 잘 전하게 하소서.

12월은 너무 바쁩니다.

11월이 다 가기 전에 그리하게 하소서.

서로 사랑하라 하신

예수님 이름으로 기도합니다. 아멘.

삶의 자락마다

말씀 안에 거하시는 하나님 아버지
주의 말씀의 법이 우리의 즐거움이 되게 하셔서
여기까지 이르게 하셨습니다.
우리 마음을 기쁘게 하고 우리 혀로 즐거워하게 하시며
우리 육체도 희망에 거하게 하시는 은혜에 감사드립니다.

손 너비만큼 허락된 날을,
거미줄같이 끊어지고 말 것들을 의지하며 살았습니다.
우리 속에 아직도 헐고 빨아 내려서 쏟아 버려야 할 우상들을
발견할 수 있도록
잠들어 있는 심령을 흔들어 깨워 주소서.
삶의 자락마다 말씀이 생각나게 하셔서
그 묶인 자리를 불평이나 원망으로 얼룩지지 않게 하소서.
기꺼이 살아 내게 하셨던 하나님의 전적인 간섭을 잊지 않겠습니다.
그 자리에서 하나님이 우리를 만나 주셨기 때문입니다.

지금도 우리 속에 찌끼처럼 가라앉아 있는 불순물을 제거하시고

생명의 성령의 법 아래로 옮겨진 이 깊음 속에서
주님의 얼굴을 만나 뵙는 감격이 있게 하소서.
예수님 이름으로 기도합니다. 아멘.

영적 전쟁의 한복판에서

우리를 위하여 일하시는 하나님 아버지

하나님은 죽은 자를 살리시며

없는 것을 있는 것같이 부르신다는 말씀을 입에 달고 살면서

작은 바스락거림에도 여전히 놀라는 연약한 자들입니다.

연한 풀 위에 맺힌 이슬 같은 우리들의 심령이

여호와의 군사답게 강건해지기를 원합니다.

하나님께서 명령하여 폭풍을 잠재우시고

병거와 말도 잠잠하게 하시는 줄 깨달아

우리를 혼란스럽게 하는 치열한 영적 전쟁의 한복판에서도

전신 갑주를 입고 용기 있게 걷도록 도와주소서.

이 겨울, 춥다고 웅크리며 침잠하지 않게 하소서.

돌아보며 새기며 묵상하며

영의 양식을 비축하는 시간이 되게 하소서.

예수님 이름으로 기도합니다. 아멘.

가슴 아픈 기도 들으소서

눈물의 기도에 응답하시는 하나님 아버지
이 저녁, 기도의 자리에 나와 자신을 돌아보며
환우들과 그 가족들을 마음에 품고 기도합니다.
흐리고 캄캄한 날, 만나 주셨던 하나님을 기대합니다.
상한 심령과 육신의 질병으로 올 기력조차 없이
여호와 하나님만을 바라보고 있는 가엾은 이들입니다.
그들을 향한 눈을 거두지 마시고 치유하여 주소서.

그 잃어버린 자를 찾으며
쫓기는 자를 돌아오게 하며
상한 자를 싸매 주며
병든 자를 강하게 하겠다 말씀하신 주님 앞에
무릎 꿇고 머물러 있는 가슴 아픈 기도에 응답하여 주소서.

사람의 제일 되는 목적이 오직 하나님을 영화롭게 하며
그를 영원토록 즐거워하며 사는 것인 줄 알고 있습니다.
그러나 많이 혼란스럽습니다.

눈앞의 엉클어진 가시덤불을 제거해 주소서.

혹독한 겨울 같은 하나님의 침묵 속에

감추어진 신비를 발견하며 즐거워하게 하소서.

예수님 이름으로 기도합니다. 아멘.

주님의 사람들을 적셔 주소서

사랑하는 자녀를 아껴 보시는 하나님 아버지

감사합니다.

몸과 마음이 아픈 교우들을 만나면

어디를 어떻게 어루만져야 할지 몰라 조심스럽습니다.

먼발치에서 그저 지켜보고 있어야만 하는 아픔도 있습니다.

고통의 쓴 뿌리를 삼켜야만 하는 절박함 중에도

아무도 눈여겨보지 않는 일상의 뜰 곳곳에

하나님이 감춰 두신 소소한 기쁨을 발견하는 감격이 있게 하소서.

거센 바람이 몰려올 때 수천 마디의 말을 멈추고

침묵 속에서 말씀하시는 하늘 아버지의 음성을

귀담아듣는 복을 주소서.

여러 모양으로 실의에 빠져 있는 모든 이들을 향해

어서 일어나 함께 걷자고 말씀하소서.

그리하시면 실패한 자가 아닌

상한 감정을 온전히 치유받은 자로

하나님의 영광을 입은 찬송이 될 수 있겠나이다.

우리가 하늘에 올라갈지라도 거기 계시며

스올에 자리를 펼지라도 거기 함께 계시고

막막한 바다 끝에 거주할지라도

강한 오른손으로 붙드시는 하나님을 높이 찬양하겠습니다.

주님의 생각을 비켜 가게 하는

불순한 가림막을 제거하여 주소서.

우리는 입술로 고백하면서도

기도한 것을 살아 내지 못합니다.

그로 인하여 우리의 한계를 보게 하시니 감사합니다.

지금까지 꾸준히 일러 순종하라 명하시고

사건과 상황에 끊임없이 개입하시며

때로는 옆에 다가와 설득하시는 주님의 심정을

읽을 수 있으면 좋겠습니다.

어쩌면 스스로 만들었을지 모르는 포로 된 자리를

박차고 뛰쳐나올 수 있는 용기도 주십시오.

선한 목적을 반드시 성취하실 하나님의 약속을 믿고

축 처진 어깨를 펴고 고개를 들어 주님의 눈, 바라보게 하소서.

우리의 끝 모를 죄악을 아시면서도

희다, 의롭다, 하시니 감사합니다.

가슴 뿌리가 마른 주님의 사람들을 적셔 주소서.

그리하소서.

예수님 이름으로 기도합니다. 아멘.

연단과 소망

끝내 소망을 주시는 하나님 아버지
창세전에 우리를 부르셨고
어머니의 복중에서부터 이름을 기억하셔서
오늘 여기까지 인도해 오심에 감사드립니다.

생각해 보면 우리가 겪은 어떤 환난에서도
하나님은 피할 길을 내어 주지 않은 적이 없으셨습니다.
사자의 발톱과 곰의 발톱에서도 건져 내신 하나님께서
소망이 없던 절망 한가운데 찾아오셔서
결국은 구하여 내셨고
또한 장차 구하여 내실 것을 믿습니다.
나 혼자 싸우고 이겨 내리라 버티고 있는 헛된 힘을 다 내려놓고
울고 싶을지라도 하나님의 등에 기대어 울게 하소서.

황량한 겨울처럼 황폐한 곳들을 무성하게 하시며
묶여 있는 것들로부터 훨훨 풀려나 자유롭게 하실 분은
오직 하나님 한 분뿐입니다.

치밀하고도 쉼 없이 움직이며
우리 영혼 깊숙이 침투해 들어오는 악한 세력에
무방비로 끌려다니지 않도록 도와주소서.

우리가 쓸모 있기 위해 애쓰느라
정작 하나님과의 관계에서 오는 소소한 기쁨을
놓치지 않기를 원합니다.
있는 모습 그대로
그저 내 자리 지키는 것만으로도 좋아하시는
하나님의 마음을 읽어 내게 하소서.
행여 병들고 나약해져 있을 때,
외로움과 서러움을 추스르지 못하고 있을 때
우리 곁을 지키소서.
우리 곁을 지켜 주소서.
예수님 이름으로 기도합니다. 아멘.

말구유에 누우신 예수님

눈이 가리어 어둠 속 죽음의 그늘에 살던 우리에게
영영한 빛을 보내 주신 하나님 아버지 감사합니다.
베들레헴 마구간의 말구유, 냄새가 밴 낮고 천한 자리에 누우신
아기 예수님을 생각합니다.
그 겸손 가르쳐 주소서.

가난한 자에게 아름다운 소식을 전하며
마음이 상한 자를 고치며
포로 된 자에게 자유를 갇힌 자에게 놓임을 선포하시며
슬픈 자를 위로하시는 그 크신 사랑 본받아
올무처럼 묶여 있는 마음의 매듭을 풀어내게 하소서.

우리의 앉고 일어섬을 아시며 눕는 것을 살펴보시고
모든 행위와 혀의 말을 알지 못하시는 것이 하나도 없으신
섬세한 인도에 감사드립니다.
우리 입에서 나오는 모든 언어가 기도가 되며
작은 몸짓 하나하나가 찬양이 되기를 원합니다.

흐려진 영적 시야를 밝히시어

보지 못하게 된 것을 다시 보는

놀라운 기쁨을 회복하여 주시고

날선 검과 같은 말씀을 붙잡아

모든 것을 이기고 견디고 살아 내게 하소서.

우리로 너무 많은 근심에 잠기지 않도록

주의 손이 행하셨던 기이한 일들을 기억하게 하소서.

그리하셔서 묵은 상처와 아픔에 새살이 돋아나

한 해를 단정하고 고요하게 마무리할 수 있도록 도와주소서.

하나님 앞에 내세울 선한 것이 하나도 없습니다.

드러낼 만한 자랑거리도 없습니다.

그저 있는 모습 그대로

몫 지워 주신 자리를 지키겠습니다.

평화의 왕으로 이 땅에 찾아오신

아기 예수님의 이름으로 기도합니다. 아멘.

내려놓음

우리 영혼을 살려 두시고
우리의 실족을 허락하지 않으시는 하나님 아버지
무성한 잎과 화려한 꽃과 탐스런 열매를 벗고
빈 가지가 된 겨울나무를 바라봅니다.

보기에 좋아서 붙잡고 있던 것들을 놓아 버리고
하나님 없이 높아진 마음눈을 낮추어
주님 발아래 머리 숙였습니다.

숲이 바람에 흔들림 같이
요동치기 쉬운 우리 마음을 붙잡아 주시고
피곤한 손을 잡고 연약한 무릎을 일으켜 세워 주시니 감사합니다.

때로는 큰 슬픔 덩어리를 보듬고 살 때도 있었습니다.
그 무게가 너무 버거워 비틀걸음치기도 했지만
돌이켜 보면 하나님께서 함께해 주신 놀라운 순간들이었습니다.

하나님 앞에서 자랑할 것이 없는, 복음에 빚진 자로서
지혜와 지식의 모든 보화가 감추어져 있는 그리스도를
깊이 깨달아 알기 원합니다.

우리 입술로 터져 나오는 거친 생각들을 멈추고
선한 일에 민첩해져 주님 마음을 시원하게 해 드리는
주님의 자랑이 되게 하소서.
예수님 이름으로 기도합니다. 아멘.

삶의 향기 한 잔

존귀하신 하나님 아버지 감사합니다.

삶의 작은 향기 하나하나 풍기는

따뜻한 사람으로 살게 하소서.

겸손을 놓쳐 버린 순간도 있었지만

주님의 얼굴을 구하며 영글려고 무던히 애썼음을 기억하소서.

겨울을 닮은 냉랭한 주변을 품어 녹이게 하시고

서로의 결핍을 채워 주며

세상의 찬바람이 마음을 해치려고 달려들 때

그저 조건 없이 사랑하시는 하나님께 내어 맡겨

진정한 평안을 찾게 하소서.

우리의 실수와 실패가 결코 허물이 되지 않게 하시어

못난 생각과 교만한 마음을 가지고서도

놀라운 방법으로 뜻을 이루시는

하나님의 경륜 안에 우리가 있음을 깨닫습니다.

하나님께서 마음속 깊은 곳을 두드리실 때

못 들은 척 외면치 않게 하시고

그 울림 지체하지 않고 받아들여

하나님의 기뻐하심을 따르게 하소서.

그 어떤 종교적인 행위와 열심보다도

민망하고 당황해하는 지체에게 자리를 내어 주며

웃음으로 건네는 말 한마디가

가슴 뭉클하게 하는 사랑인 것을 알았습니다.

우리의 입술을 열 때마다

수많은 단어와 문장이 쏟아져 나옵니다.

너무 바르고 단호해서

가까이 하기 어려운 그런 사람이 아닌

따뜻해서 그 온기 가까이하고 싶은

그런 사람이 되게 하소서.

우리 모두의 속사람이 하루하루 자라 가

새로워지는 변화를 서로의 눈으로 확인하는 기쁨을 주소서.

힘들고 곤할 때마다 소리 없이 다가와

옆에 머물러 주신 주님을 닮게 하소서.

예수님 이름으로 기도합니다. 아멘.

맡은 배역

사랑하되 질투하기까지 우리를 사랑하시는 하나님 아버지
이제 또 한 해를 떠나보냅니다.
우리 안에서 지금까지 쉼 없이 일하셨으며
우리 믿음의 작은 진보에도 기뻐하셨던
무조건적인 사랑에 감사드립니다.

다른 사람의 잘못을 지적한 다음
돌아서서 내 모습인 것을 깨닫고 곧 후회한 것도
믿음의 실력이라 인정해 주셨습니다.
자존심이 뭉개져도 하나님이 기뻐하실 것을 알기에
미련한 듯 입을 열지 않았더니
너는 나의 기쁨이라 하셨습니다.

가슴 시릴 때 서로가 꼭 잡은 손가락 사이로 흘러나오던
사랑의 온기를 우리는 잊지 않을 것입니다.
늘 마음 아파했던, 눈물이 고여 있던 자리에
환한 미소가 피어나는 것도 보았습니다.

말씀의 다림줄로 중심을 잡으려 애쓰며,

혼란스럽고 당황스러운 일이 끊이지 않은 현실 속을

묵묵히 걸어가는 모습을 지켜보며

울컥, 감동을 받기도 했습니다.

서툴지만 맡겨 주신 배역에 성실하게 하셔서

길가에서나 시장 통에서 하나님의 마음을 발견하게 하시고

고요한 기도나 성도의 교제 속에서 하나님의 음성을 듣게 하시며

일하는 현장 속에서 예수 그리스도의 흔적을 남기게 하소서.

이 자리에 모여 있는 주의 사람들 축복하고 또 축복하여

영적으로나 육적으로 메마른 건기의 시간을 보내면서도 흔들리지 않고

하나님을 향한 사랑과 신뢰로 굳건히 서게 하소서.

예수님 이름으로 기도합니다. 아멘.

시간 속에서 일하심

사랑의 하나님 아버지
우리는 혼자 달음박질치지 않고
서로 앞세우고 뒤돌아보며 기다려 주는
하나님의 가족입니다.
앞에서 이끌고 뒤에서 호위하는 주님의 일하심과 성품을
더욱 닮기 원합니다.
우리 삶의 황폐한 곳들을 보수하시는 하나님께서
거친 마음 밭을 기경하셔서 돌 같은 마음은 제하시고
살처럼 부드러운 마음을 허락하소서.
그리스도 안에서 하늘에 속한 모든 신령한 복을 우리에게 주셨으니
앞에 놓인 크고 작은 사건들을 바르게 해석할 줄 아는
영적 안목도 허락하여 주소서.

시간 속에서 일하시는 하나님의 지혜를 깨닫게 하셔서
많이 견디고 참고 용납해 주는 법을 배워 나갈 때
경건의 모양만이 아닌 경건의 능력도
겸비하게 하실 것을 믿습니다.

어떤 상황에서도 하나님을 바라고 의지하는 자는

결코 부끄러움을 당하지 않는다고 가르치셨으니

우리 속에 말씀이 흥왕하여 모든 것을 이기게 하소서.

예수님 이름으로 기도합니다. 아멘.

유한한 피조물

우리를 붙드시는 하나님 아버지
넘어지는 담과 흔들리는 울타리 같은 우리를
주의 뜰 안에 불러 모아 함께 살게 하시니 감사합니다.

인생의 겨울에 다가와서야 숨을 고르고
흔들리며 살았던 지난날을 돌아봅니다.
희미해진 세월입니다.

이제, 살아온 날보다는 살아갈 날들이 더 짧습니다.
한정된 시간을 주의 얼굴빛 안에서 다니게 하시고
주님을 기쁘시게 하는 신앙 여정이 되도록 도와주소서.

우리의 연약함을 아시오니 모든 질병을 고치시고
하나님 보시기에 좋은 것들로 소원을 만족시켜 주셔서
고요하고 평안한 생활을 할 수 있게 하소서.
예수님 이름으로 기도합니다. 아멘.

내일의

기도

눈물로 적시는 황폐한 땅 선교사를 위한 기도

하나님 아버지 감사합니다.

오직 성령이 너희에게 임하시면 너희가 권능을 받고

땅 끝까지 이르러 내 증인이 되리라 말씀하셨습니다.

그 말씀을 따라 세계 곳곳에 흩어져 있는

선교사들의 연약한 무릎을 일으켜 세워 주시고

성령의 능력으로 강건하게 하소서.

기도의 씨를 뿌리고 황폐한 땅을 눈물로 적셔

결코 아무 일도 일어날 것 같지 않은

척박한 곳에서도 역사하시는 하나님을

믿음의 눈으로 지켜보게 하소서.

중심이 주저앉지 않도록 순간마다 일깨워 만나 주십시오.

그리하시면 보내신 목적에서 비켜 서 있지 않을 것입니다.

보냄 받은 땅의 문화를 잘 수용하고 이질감을 극복하여

각각 지명하여 보내 주신 하나님의 깊은 뜻에 집중할 수 있도록

도와주소서.

주님이 함께하시면

만나는 사람들에게 손을 내밀 때에

탁하고 어두운 것들과의 묶임에서 풀려나는 영혼이

날마다 그 수를 더할 것입니다.

그들이 하나님을 아버지라 부르게 되며

에스겔 골짜기의 마른 뼈들이 살아나는 기적과 같은

생생한 증거들이 넘칠 것입니다.

또한 배후에서 일하시는 하나님을 만나게 되어

힘을 얻고 또 얻을 것입니다.

선교사님들이 밟고 있는 그 땅이

거룩한 주님 나라가 되게 하소서.

눈만 뜨면 부딪히는 어려움으로 사역을 포기하고 싶을 때

주님이 함께 견디고 있다고 말씀하소서.

특히 핍박을 받아 추방된 선교사들에게 평안을 주시고

새로운 길이 열릴 수 있도록 도와주소서.

세상의 헛된 영광을 버리고 부르심에 순종한 선교사들과

그 가족의 헌신을 기억하사

한 영혼 한 영혼 살려 내는 귀한 사역이 되도록

하나님의 손길로 위로하소서.

예수님 이름으로 기도합니다. 아멘.

영혼의 울림통　교역자를 위한 기도

교회를 사랑하시는 하나님 아버지 감사합니다.
땀 흘리며 봉사하는 기쁨으로 충만해 있는 젊은 지체들을 보면서
하나님께서 역동적으로 일하고 계심을 깨달았습니다.
말씀으로 지켜 온 교회가 신실하고 진실한 믿음의 사람들을
잘 길러 낼 수 있기를 원합니다.

사역에 애쓰는 교역자의 여정을 책임져 주시고
나의 영을 네 자손에게, 나의 복을 네 후손에게 부어 주어
그들이 풀 가운데에서 솟아나기를 시냇가의 버들 같이 하시겠다는
그 말씀을 이루어 주소서.

여러 문제로 어려움에 처해 있는 교우들을 힘써 살피는
목자들의 마음이 닿는 곳마다 외로움의 무게가 덜어지며
예수 그리스도의 흔적을 남기는 귀한 사역이 되기를
간절히 기도합니다.

한마음과 한 입으로 창조주 하나님께 드리는 예배의 감격을

모든 성도가 누릴 수 있도록

그 입술을 통해 나오는 말씀의 능력 위에

영혼의 울림통을 주셔서

예배 때마다 충만하게 하소서.

예수님 이름으로 기도합니다. 아멘.

지경이 넓어지는 은혜 설교자를 위한 기도

우리를 홀로 내버려 두지 않으시는 하나님 아버지
감사합니다.
설교자들이 늘 주님과 호흡하게 하시고
끊임없이 말씀을 연구하게 하셔서
때로는 거센 폭풍같이, 때로는 세미한 음성같이
살아 역사하는 주의 음성을 전하게 하소서.
기름 부음 받은 다윗이 이스라엘 왕이 되기까지
혹독한 광야의 시간을 통과하며 인내를 배운 것처럼
말씀을 붙들고 씨름하며
더 깊이 몸부림치게 하소서.
자신의 학식과 언변을 의지하지 않게 하시고
매사 하나님께 지혜와 지식을 구하며
전폭적으로 하나님만을 의지하여
그 지경이 넓어지는 은혜를 주소서.
예수님 이름으로 기도합니다. 아멘.

비밀을 맡은 자 합동신학대학원대학교를 위한 기도

우리를 기르시는 하나님 아버지

이 땅에 바른 신학, 바른 교회, 바른 생활의 본을 이루시고자

합동신학대학원대학교를 세우셨습니다.

합신의 건학 이념이 잘 실천되며

신학생들이 사랑 안에서 서로 종노릇하는 훈련을 멈추지 않게 하소서.

특별한 부르심을 받아 신학을 하겠다고 결심했던

뜨거운 열정과 진심이 퇴색되지 않게 하소서.

그들 안에 영으로 함께하시는 하나님의 섬세하신 간섭이

모든 것을 이기며 모든 것을 능히 견딜 수 있게 하소서.

하나님의 도움을 기다리는 인내의 무릎으로

하나님 나라의 비밀을 마음껏 알아 가며

전인격을 통하여 주님의 뜻을 이루어 가게 하소서.

거룩함을 좇아 행하기에 게으르지 않으며

오직 마음으로 하나님 앞에 흔들리지 않고 서 있는

주의 사랑을 입은 사역자들로 성숙하게 하소서.

예수님 이름으로 기도합니다. 아멘.

말씀의 빛   남포교회를 위한 기도

교회의 주인 되시는 하나님 아버지
박영선 목사님을 세워 남포교회를 섬기게 하여
그 말씀을 받아먹고 되새김질하는 우리 믿음의 행보에
큰 진전이 있게 하셨습니다.
태에서 남으로부터 업어 오신 것처럼 백발이 되기까지 품어 주시고
하나님 안에서 누리는 기쁨으로 충만하게 하시어
그 영혼에 밝음이 떠나지 않게 하소서.
전 생애를 통해 오직 하나님 편에 서서
힘써 말씀을 증거하고 계시니
베푸신 지혜와 경륜으로
보는 모든 이들에게 또한 믿음의 후손들에게
신앙의 어른으로서 귀한 족적을 남기며
아름다운 귀감이 되게 하소서.

또한 최태준 담임 목사님을 통하여 다음 세대를 향한 계획들이
하나님께서 주시는 지혜와 통찰력으로 실천되기를 원합니다.
전하시는 말씀이 생명이 되어

말 못할 어려움에 처해 있는 교우들에게 용기를 주고

마음의 사형선고를 받은 것 같은 성도들을 일으켜 세워

짓무른 그 눈의 눈물을 닦아 주소서.

그리하여 그 말씀이 그들을 좌절에서 구해 내는

발에 등이요 길에 빛이 되게 하소서.

그러면 그들이 살아갈 이유를 발견하고

넉넉히 살아 내게 될 것입니다.

양 무리를 칠 때에 오직 하나님의 뜻을 좇아

즐거운 마음으로 하게 하시고

주의 판단력을 허락하셔서 교회를 유익하게 세워 가소서.

예수님 이름으로 기도합니다. 아멘.

귀한 영혼 <u>교회학교를 위한 기도</u>

영광 받기에 합당하신 하나님 아버지
주일학교를 위해 기도합니다.
교회 안의 부서를 담당하는 모든 교역자와 교사들에게
한 영혼 한 영혼을 귀히 여기는 마음 주시고
착함과 의로움과 진실함으로 믿음의 본이 되게 하소서.

교회 안에 아이들의 밝고 건강한 웃음소리가 넘치게 하시고
예수님의 사랑을 잘 배워
양보하고 배려하며 힘없는 손을 잡아 줄 줄 아는
따뜻한 사람으로 성장하게 하소서.
어린 학생들은 말씀을 꿀송이처럼 달게 받아먹어
믿음의 근육이 튼튼해지게 하시고
장애우를 돌보는 교사들에게는
막힌 벽을 마주하는 듯한 막막한 마음이 들지 않도록
마음으로 소통하게 하시고
섬기며 봉사할 힘을 주시기 원합니다.

새벽이슬 같은 주의 청년들이

어려움의 때를 잘 통과할 수 있도록 도우시고

늘 창조주 하나님을 기억하여

좌로나 우로나 치우침 없는

바른 세계관을 갖게 하시기를 원합니다.

하나님의 사람들은 세상과 충돌할 수밖에 없습니다.

중고등부와 청년들이 세상 문화와 가치관에 휩쓸리지 않도록

그들이 마음 중심에 하나님을 잘 모시기를 원합니다.

갓 이룬 새 가정을 꾸민 집마다 친히 함께하셔서 주인 되어 주시고

각 가정이 하나님을 기쁘시게 하는 작은 천국이 되고

세상을 향한 축복의 통로가 되게 하소서.

예수님 이름으로 기도합니다. 아멘.

맡기신 권한 교회 각 위원회를 위한 기도

교회를 위해 일하시는 하나님 아버지 감사합니다.

교회의 질서와 균형을 위해 세워 주신

각 위원회를 위하여 기도합니다.

주님의 공평한 사랑이 교회 모든 지체에 닿을 수 있도록

교회의 안녕과 조화를 위해 충성을 다하는

주의 사람들에게 복 주소서.

위원회에서 세운 계획과 목적이

하나님의 뜻과 계획을 벗어나지 않게 하시고

세상이 추구하는 방법과 하나님께서 일하시는 방법이

다름을 알게 하소서.

하나님의 뜻을 잘 살펴보아

어긋난 행보를 하고 있다면 돌이키게 하셔서

바른길을 가는 용기와 지혜를 주소서.

일을 우선하느라 지체들의 마음을 다치게 하는 일이 없게 하시고

맡기신 권한을 슬기롭게 사용하게 하소서.

효율성을 높이는 업무 중심보다,

더디지만 기다려 주고 허물을 덮어 주면서
사람을 귀하게 여기는 마음으로 섬기기를 원합니다.
우리는 담을 수 없는 것들을 담아내야 하고
이해할 수 없는 것들을 끌어안아야 하는
하나님의 사랑을 실천하는 공동체입니다.

교회 일은 세상일과 다릅니다.
세상의 기준을 거스르는 하나님의 법의 신비를 통해
그 아름다운 덕이 선전되는 그리스도의 일꾼,
하나님의 비밀을 맡은 자들이 되게 하소서.
주님은 우리의 실수와 실패까지도
손해가 되지 않게 선용하십니다.
잘잘못을 따지느라 자칫
이런 하나님의 일하심을 놓치는 일이 없도록
늘 겸손으로 서로를 살피는 은혜가 있게 하소서.
예수님 이름으로 기도합니다. 아멘.

귀한 일꾼 장로, 권사 선출을 위한 기도

평강을 주시는 하나님 아버지

오늘은 교회의 귀한 일꾼을 뽑는 날입니다.

우리가 이 일을 위하여 오래 기도해 왔습니다.

후보자들이 그리스도 십자가 밑에 복종하는 훈련과

열심을 다하는 봉사로 소원을 아뢰고 있습니다.

두렵고 떨리는 마음으로 드리는 간절함이

하나님의 아름다운 덕을 선전하며,

그 쓰임에 합당하게 살아가리라 다짐하는

귀한 시간이 되게 하소서.

지금은 은혜 받을 만한 때이니

우리 모두가 함께 마음을 새롭게 하여 변화를 받아

하나님의 선하시고 기뻐하시고 온전하신 뜻을 따라 살게 하소서.

모두가 선출되기를 원하지만 소원대로 되지 않을지라도

상처 받거나 시험 들지 않도록 위로와 평강으로 함께하셔서

하나님을 이전보다 더욱더 깊이 사랑하게 되는

큰 복을 주소서.

예수님 이름으로 기도합니다. 아멘.

아름다운 덕목으로 채워 가도록 <u>안수 집사 선출을 위한 기도</u>

늘 교회와 함께하시는 하나님 아버지

주의 사랑에 힘입은 많은 분들이

주님의 옷자락을 만지고 싶어 합니다.

성전 마당에만 머물러 있던 우리가

어느새 문지방을 넘어 성소에 들어와

주님의 이름을 높이며 그 영화로움을 찬양하고 있습니다.

안수 집사로 택함 받기를 간절히 원하는 심령을 돌아보셔서

영적으로 무디었던 부분들이 깨어나게 하시고

더욱더 주님 성품 닮아 가게 하소서.

사람이 보기에 부족함이 있어 보일지라도

직분을 맡기셔서 아름다운 덕목들로 채워 가실 줄 믿습니다.

누군가는 상처를 입고 힘들어할 수 있지만

이 일을 통하여 믿음이 견고해짐을 목도하는 기쁨이 있게 하소서.

기도하오니 안수 집사 선출을 위한 공동의회를 통하여

하나님의 섭리를 깊이 만나게 하소서.

우리 모두가 함께 기도하며 은혜 속에 푹 잠기는

축제의 날이 되게 하소서.

예수님 이름으로 기도합니다. 아멘.

함께 걷게 하소서

교회를 세우신 하나님 아버지

묶어 주신 구역 식구들을 위하여 기도합니다.

하나님의 가족으로 불러 주셨으니

서로 버팀목이 되어 주고 마음 문을 열고 교제하게 하심으로

곤한 마음과 어려움을 함께 풀어 나가 천국을 경험하게 하소서.

교우들의 삶 순간순간을

하나님으로부터 오는 생각들로 가득 채우셔서

믿음의 진보가 있게 하소서.

하나님을 아는 지식 위에 예수 그리스도의 성품을 날로 닮게 하시어

더딘 것 같지만 함께 걷는 기쁨을 알게 하소서.

무슨 일에서든지 보이는 대로 정죄하지 않으며

들리는 대로 판단하지 않게 하소서.

한없이 기다려 주셨던 하나님의 인내를 기억하여

우리도 서로에게 끝없이 너그러워지게 하소서.

우리를 그리스도의 몸으로 부르신 하나님

각 지체에게 허락하신 은사를

교회의 유익을 위하여 사용하게 하시어

하나님만을 즐거워하는 기쁨의 찬송이 다 되게 하소서.

예수님 이름으로 기도합니다. 아멘.

아름다운 기억 권사 은퇴식

하나님 아버지,

하나님의 자녀 된 명예를 지켜 내신 권사님들의

은퇴를 축하하는 자리에 함께 모였습니다.

오늘 이후 우리는 권사님들이 떠난 빈자리를

자꾸만 들여다보게 될 것입니다.

수고한다, 애쓴다, 괜찮다, 격려했던 목소리가

무척 그리울 것입니다.

다정하고 부드럽던 미소를 오래도록 기억하며

닮아 가려고 애쓰겠습니다.

지금도 시간이 우리 곁을 지나가는 소리가 들립니다.

오랜 세월을 교회와 권사회를 위해 정말 수고한

권사님들을 위해 간구합니다.

빛바랜 시간 앞에서도 여전히 결실하며

진액이 풍족하고 빛이 청청한 여정을 보내게 하소서.

우리와 함께했던 아름다운 일들만 기억하며

세월 앞에 마음이 버거울 때면 그 추억을 떠올리며

가만히 웃음꽃을 피우는 나날을 보내게 하소서.

예수님 이름으로 기도합니다. 아멘.

맺는 글

타인의 아픔이 가슴으로 들어오지 않아 답답함을 느끼고 있을 때 권사회를 섬기라는 마음의 부담을 안겨 주셨다.

그 무게의 중함을 알기에 피하고 버티던 어느 날, 뒤통수를 얻어맞은 듯한 충격이 왔다.

7년 전, 아무도 없는 교회에서 나도 모르게 올려 드린 기도가 떠올랐기 때문이다. 권사회를 섬길 수 있게 해 달라는 기도였다.

거부할 수 없이 주어진 깨우침.

손에 쥐고 있던 모든 것을 내려놓고 무릎을 꿇었다. 마음속을 치장하고 있던 장신구도 떼어냈다. 하나님은 나의 안과 밖에 스며든 아주 사소한 것들까지도 전부 사용하셨다.

그렇게 하나님께 불려 나와 1년 동안 권사 기도회를 인도하며 올린 기도들을 묶었다.

　　어느새 봄바람이 찬 기운을 몰아내고 곁에 앉아 있다.

　　실린 기도문을 통하여 누군가의 마음이 따스해지길 바란다.

2020년 5월

박나나